JEAN DE POITIERS

Chansons d'Amour et de Joy
de Guillaume de Poitiers

IXe DUC D'AQUITAINE

Précédées de " La Vie tumultueuse de ce troubadour "
avec trois reproductions en hors texte

CHEZ EUGÈNE FIGUIÈRE, ÉDITEUR
A l'Enseigne des Deux Figuiers
17, Campagne-Première. — PARIS (XIVe)

1926

Les Chansons d'Amour et de Joy de Guillaume de Poitiers

JEAN DE POITIERS

Les Chansons d'Amour et de Joy

de Guillaume de Poitiers

IXe DUC D'AQUITAINE

Précédées de " La Vie tumultueuse de ce troubadour "
avec trois reproductions en hors texte

CHEZ EUGÈNE FIGUIÈRE, ÉDITEUR
A l'Enseigne des Deux Figuiers
17, Campagne-Première. — PARIS (XIVe)

—

1926
Tous droits réservés

LA VIE TUMULTUEUSE
DE
GUILLAUME DE POITIERS

LA VIE TUMULTUEUSE
DE GUILLAUME DE POITIERS

Le 22 octobre 1086, Guillaume VIIe du nom, comte de Poitiers et IXe duc d'Aquitaine, fut mis en possession de ses états qui comprenaient, outre le Poitou : la Gascogne, le Limousin et l'Angoumois. Ses domaines étaient en somme plus étendus que ceux du roi de France lui-même.

Il n'avait que quinze ans et, afin qu'il pût hériter, l'on avait dû invoquer la coutume de Bourgogne, dont sa mère, la comtesse Audéarde, était originaire.

Son père, Guy-Geoffroy-Guillaume, prince énergique et fort, avait mené et ses vassaux et son clergé en véritable despote. Les feudataires, soulagés par sa mort, commencèrent à s'entre-déchirer, créant ainsi au jeune duc des difficultés inextricables. Aussi, les conseillers de Guillaume, pour des raisons politiques. le poussèrent-ils à épouser Ermengarde, fille de Foulques Réchin comte d'Anjou. Fine savante et gracieuse, mais d'humeur capricieuse, la comtesse Ermengarde ne sut lui plaire longtemps et il la répudia vers 1092.

Dans le même temps, Sanche Ramire, roi d'Aragon, ayant été tué au siège d'Huesca, la jeune reine Philippie (ou Mahaut), fille du comte de Toulouse, voyait s'empresser autour d'elle de nombreux prétendants.   Le duc d'Aquitaine, beau, courtois, élégant. lorsqu'il parut sous son fin bliaud de santal brodé d'orfroi, les supplanta d'autant plus facilement qu'il assurait à cette princesse une situation aussi enviable que celle de la reine d'Aragon.

Guillaume avait alors vingt-deux ans, le désir des aventures le consumait, et, la splendeur et la joie des fêtes des épousailles s'étant estompées, il projeta de faire valoir les droits de Philippie sur le comté de Toulouse, dont la capitale l'attirait par la finesse d'esprit et le bel idiome de ses habitants.

Il envahit les états de Raymond de Saint-Gilles, alors parti pour la croisade, se fit reconnaître comme suzerain par les seigneurs laïques, puis, quoique contesté de manière absolue par les dignitaires ecclésiastiques, parvint à assurer sa conquête, rentra alors dans ses états, qu'il quitta aussitôt, et d'ailleurs sans cause apparente, pour se mêler à la querelle du roi d'Angleterre contre le roi Philippe de France.

*
* *

En 1099, entraîné par son goût du risque bien plus que par l'impulsion de la foi, le comte de

Poitou décide de se croiser, mais, voulant se rendre à Jérusalem en prince fastueux et non en simple pèlerin, il engage son comté de Toulouse à Bertrand de Saint-Gilles pour une somme considérable. Entre temps, au concile de Poitiers, qui devait renouveler l'excommunication contre le roi Philippe, avec lequel il venait à peine de se réconcilier, il avait pris violemment, contre les légats du pape, le parti de son suzerain qui, malgré les remontrances papales, continuait à garder auprès de lui la belle Bertrade de Montfort, son épouse adultère. Mais, n'étant ni cruel ni colère, Guillaume avait laissé aussitôt s'échapper les légats qu'il venait de terrifier.

C'est dans ces singulières dispositions qu'en l'an 1101, il se croisa à Limoges, entraînant avec lui 30.000 combattants aquitains et gascons. Dans son histoire de la poésie provençale, Fauriel rapporte que : dans toutes les croisades, il y eut beaucoup de femmes qui n'étaient ni des Clorindes, ni des

Herminies, mais, nous dit-il, il devait y en avoir plus que dans toute autre, dans une croisade d'Aquitains commandée par Guillaume IX. Un historien en compte jusqu'à 30.000, un autre se borne à dire plus vaguement que le comte de Poitiers recruta pour son expédition, un essaim de jeunes filles. Il semble qu'il faille voir dans ces chroniques des médisances, sinon des calomnies propres à assouvir les rancunes des clercs, habituels rapporteurs des événements du temps. Car, nous savons, d'autre part, que Guillaume avait coutume de traiter plus rigoureusement que ne le faisait son père, leur caste particulièrement puissante à cette époque, et partant, dangereuse à mécontenter.

Quoi qu'il en soit, et toujours d'après Fauriel, il est probable que Guillaume cédait à contre-cœur à une entreprise trop sérieuse pour son caractère, mais, conforme cependant à son tempérament actif et brave, et au surplus, en accord parfait avec la conception du point d'honneur à cette époque.

Les croisés d'Aquitaine et de Gascogne s'étant rejoints chevauchaient en un seul corps, Guillaume, le plus noble et le plus puissant de tous (1) en eut le commandement; il prit en route, Hugues de Vermandois, frère du roi Philippe et se joignit ensuite à Guelfe, duc de Bavière et à Ida, margrave d'Autriche. Cette troupe comptait 160.000 personnes de l'un et de l'autre sexe, quand elle arriva sous les murs de Constantinople. Guillaume, qui se considérait à l'égal d'un roi, refusa de donner à l'empereur Alexis tout autre titre que celui d'éparche et de démêlés en démêlés, commença à sourdre l'inimitié des Byzantins, inimitié qui devait provoquer ensuite des trahisons dans l'armée des croisés, puis, en fin de compte, amener la déroute.

« Après leur départ de Constantinople, dit une relation due sans nul doute à un témoin oculaire, les

(1) Guillaume de Tyr *Rec. des hist. des Croisades* I. pp. 416, 418.

croisés poursuivirent leur route par les contrées
arides, dont leurs devanciers s'étaient écartés, et
où ils étaient conduits par la perversité de l'empereur Alexis. Etant arrivés dans la vallée des
Flambeaux, où les payens se trouvaient en embus-
cade, ceux-ci se précipitèrent sur eux, au moment
où ils étaient, aussi bien que leurs bêtes de somme,
excessivement affaiblis par la faim et la soif; atta-
qués de flanc, ils prirent la fuite et, de plus de
cent mille personnes, dont se composait l'armée,
il en périt la plus grande partie, tant par le fer
que par la soif et par la dent des bêtes fauves;
c'est à peine si quelques-uns, ayant perdu tout ce
qu'ils possédaient, purent s'échapper » (1).

« Le comte de Poitiers, placé sur une montagne
voisine, dont les infidèles entouraient la base, con-
templait la défaite des siens. A la vue des soldats

(1) Marchegay. *Chron. des égl. d'Anjou,* p. 341. — La
Chaise-le-Vicomte.

massacrés, le prince franc pleura amèrement. Les
infidèles ayant redoublé d'efforts contre lui, le comte
acculé sur tous les points, prit la fuite avec quatre
cents cavaliers. » Sans doute, ce dernier noyau fut
également décimé, car ce fut sans aucune escorte
que Guillaume parvint en Cilicie, où Bernard
l'Etranger l'accueillit en son château de Longinade,
près de Tarse.

Quelque temps après, le Normand Tancrède
ayant appris sa présence, l'invita à se rendre auprès de lui à Antioche, ville fastueuse et opu-
lente où il commandait durant la captivité de
Boémond et où Guillaume, à grand honneur, passa
l'hiver de 1101 à 1102.

On le voit célébrer les fêtes de Pâques de l'an
1102 à Jérusalem aux côtés du roi Baudouin. Après
les fêtes, il s'embarque à Joppé en compagnie
d'Hugues de Lusignan, fidèle compagnon de ses
aventures, et de quelques autres princes chrétiens.
Mais une violente tempête le contraignit d'aborder

à Antioche et on le retrouve à Jérusalem en septembre de la même année, en compagnie de Tancrède; enfin, dès les approches de l'automne, las de guerroyer longuement, vainement et surtout sans gloire, il se rembarque définitivement et rentre à Poitiers le 29 ocobre 1102 après une absence de dix-huit mois.

Dans les assemblées de ses vassaux ou lors de nouvelles périgrinations dans ses états, il se plaisait, nous dit Orderic Vital, à faire en vers badins ou burlesques le récit de ses aventures; le poème sans doute fort long qui les relate ne nous a pas été conservé.

*
* *

La civilisation byzantine n'avait pas été sans laisser de traces dans un esprit aussi attentif et aussi délié que celui du Comte de Poitou et, c'est avec un raffinement de dilettante et une complète indé-

2

pendance d'idées qu'il s'intéressa à l'œuvre d'émancipation de la femme, qu'à tout prendre il considérait d'une façon moins apurée que ne l'aurait pu souhaiter Robert d'Arbrissel. Ce réformateur hardi, non content d'en faire l'égale de l'homme, en était arrivé à considérer la femme comme une créature supérieure et, sans doute, ne doit-on pas négliger l'influence de cette doctrine nouvelle dans la conception qui naissait alors de « l'amour courtois ».

Mais des événements politiques détournèrent bientôt de cet intéressant mouvement social, la bienveillante attention du Comte et en 1107, alors qu'il revenait de la cour de France, on le vit s'emparer sur le comte d'Anjou des forts châteaux du Mirebalais, qui gênaient la sécurité de la ville de Poitiers.

Dans le courant de l'année 1110, Hugues le Brun succédait à son père Hugues du Lusignan. Il n'était pas, comme ce dernier, lié d'une amitié

spéciale avec le comte Guillaume qui n'oubliait
pas les épreuves subies ensemble en Orient, et
une guerre sans merci éclata entre eux à l'occa-
sion de l'investiture de la seigneurie. Hugues le
Brun trouva des alliés parmi les vassaux mécon-
tents de Guillaume; les seigneurs de Parthenay
embrassèrent sa cause, entraînant avec eux leur
allié fidèle : le comte d'Anjou. Pour subvenir aux
dépenses de cette guerre, Guillaume dut une fois
de plus altérer les monnaies. Esprit hardi, il avait
adopté, en somme, le procédé moderne de l'infla-
tion. Mais, quoiqu'il fît, il ne put venir à bout de
ses adversaires. Blessé à la cuisse à Taillebourg,
d'autre part sentant sa présence nécessaire dans le
Midi, il conclut une trève. Pendant sa convales-
cence, ayant reçu la visite des religieuses de Saintes, et quoique toujours dépourvu d'argent, il recon-
nut leur gracieuseté par des largesses, ne dédaignant
pas d'ailleurs de s'assurer le bénéfice de leurs
prières. A cette époque, son entourage se modifie:

on y voit figurer, au lieu des petites gens de sa compagnie ordinaire, l'évêque de Saintes et la Comtesse elle-même, que la gravité des blessures de Guillaume avait ramenée auprès de lui.

Sans doute, la très simple tendresse dont elle l'entoura fit-elle renaître en lui le besoin de « la compagne » et de la douceur d'une affection unie et sûre.

Peut-être aussi son affaiblissement physique eut-il — se reflétant en son moral — le don de battre en brèche les certitudes de l'esprit fort.

Peut-être encore la nostalgie du soleil du midi accompagna-t-elle en eux quelque réminiscence due à leur rapprochement.

Quel que soit le motif de son acte, il est certain qu'au printemps 1113, on voit le comte de Poitiers rassembler une brillante armée et, sans plus quitter Philippie, reprendre possession de Toulouse, dont ils font tous deux leur résidence ordinaire, tant et si bien qu'en 1114, en grande pompe,

« La Tour Maubergeonne »

y fut baptisé leur fils Raymond qui vingt et un ans
plus tard, devait épouser l'héritière de la principauté d'Antioche et devenir ainsi l'origine de la
lignée des Comtes de Tripoli, rois de Jérusalem.

** **

Mais l'accomplissement de ses visées ambitieuses
ne détournaient pas le duc Guillaume de ses plaisirs, ni de l'assouvissement de ses passions, qui,
juqu'alors, avaient été aussi précaires quo vives.

Aussi, dès l'année 1115, imitant en cela ce que
le roi Philippe avait osé pour Bertrade de Montfort et s'étant tout de bon dépris de Philippie, il ins-
talla à ses côtés, Dangereuse femme d'Ameri Ier,
vicomte de Chatellerault, en cette tour contiguë à
son château, appelée depuis « Tour Maubergeonne ».

Cette conduite, ostensible certes, mais franche
aussi, lui valut l'excommunication que lui signifia

le légat du pape Evrard, vieillard chauve et chenu.
« Le peigne frisera les cheveux de ton front avant
que je m'éloigne de la vicomtesse », lui répondit
plaisamment Guillaume qui ne voulait point se rendre aux représentations de qui que ce fut sur sa
conduite.

Deux ans auparavant lorsque, pour des raisons
politiques, l'évêque Pierre l'avait excommunié, il
avait montré moins de mansuétude et peu s'en était
fallu, qu'au moment où dans sa cathédrale l'évêque prononçait la formule sacramentelle, le comte
ne l'eût occis.

On raconte qu'il fut pris d'une telle fureur que,
tirant son épée et saisissant le prélat par les cheveux, il lui dit : « Tu vas mourir à l'instant si
tu ne me donnes l'absolution. »

L'évêque, feignant la terreur, demanda un court
répit à la faveur duquel il put achever la formule
qui rejetait le Comte de la communauté des fidèles.

— « Frappe. Frappe donc » lui dit-il après qu'on eut

sonné le glas et que les douze flambeaux eurent
été renversés. Mais Guillaume déjà s'était maî-
trisé et, celant sa colère se contenta de répondre :
« Il est certain que je te hais profondément, mais
ma haine ne va pas jusqu'à ce point de te faire
entrer en Paradis pour lui donner satisfaction. » (1)

Toutefois, il s'empara de Pierre et le fit jeter en
prison puis l'exila à Chauvigny où il mourut.

L'excommunication, prononcée par Girard, n'avait
d'ailleurs nullement influencé le Comte, et l'on
prétend qu'il avait fait graver sur son bouclier le
portrait de la vicomtesse, disant à ce propos qu'il
agissait à la guerre, à son égard, de la même façon
qu'elle se comportait avec lui pendant la paix.
« Que nul chrétien ne lui dise salut et ne lui
donne le baiser », telle était la formule d'excommunication. Devant cette absence complète de dis-
simulation dans la conduite de son mari, la com-

(1) Guillaume de Malmesbury.

tese Philippie décida de se conformer à la sentence et de se retirer à l'abbaye de Fontrevault. Elle le fit, et les caprices du destin voulurent qu'elle y rencontrât Ermengarde, première femme du Comte Guillaume. L'entrevue ne dut certes pas être banale et les propos échangés furent sans doute assez piquants. Quoi qu'il en soit, et alors que les retraites d'Ermengarde étaient essentiellement temporaires, l'infortunée Philippie, fit, elle, profession absolue de la vie monacale et mourut pieusement à Fontevrault, le 28 novembre 1118.

*
* *

Ermengarde chercha aussitôt à reprendre sa place de duchesse d'Aquitaine. Elle se présenta le 18 octobre 1119, accompagnée de ses suivantes, au concile de Reims, auquel assistaient le roi Louis le Gros et le pape Calixte, puis d'une voix haute et claire, elle demanda justice et porta plainte déclarant se nommer Hildegarde, comtesse de Poitou et avoir été abandonnée par son mari, lequel avait donné place en sa couche à Maubergeonne, vicomtesse de Chatellerault. Elle soutenait avec talent et conviction, que les unions contractées par elle (1) ou par le Comte, depuis leur séparation, étaient illicites. Mais, entre temps, Guillaume avait été relevé de son excommunication, car son cousin Guy de Bourgogne, archevêque de Vienne devenu le pape Calixte II, avait cru devoir le ménager, afin qu'il admit qu'il fut pourvu aux vacances des évêchés demeurés sans titulaires dans le Poitou tant qu'avait duré l'excommunication du suzerain.

Calixte accueillit donc avec empressement les raisons que lui firent valoir Guillaume, évêque de Poitiers et plusieurs autres abbés d'Aquitaine qui, présentant les excuses de leur duc absent, préten-

(1) Elle avait épousé en secondes noces Alain Fergent, duc de Bretagne, qui venait de s'éteindre dans un couvent.

dirent qu'il s'était mis en chemin pour venir au
concile, mais que, tombé malade, il avait dû s'ar-
rêter en route. Calixte cependant donna une satisfaction à l'opinion en assignant au duc un délai
pour se rendre à la cour pontificale, en suite de
quoi il devrait reprendre sa femme légitime ou serait
excommunié pour l'avoir répudiée sans motif. Guillaume n'alla pas à Rome et les choses en restèrent
là.

*
* *

Faisant sa grande affaire du métier des armes, et
sans doute aussi pour opérer une diversion, Guillaume crut bon cependant de se croiser à nouveau
et l'an 1120, il vint, accompagné de 600 chevaliers, se mettre à la disposition d'Alfonse le Ba-
tailleur, roi d'Aragon, et prit part à la guerre
engagée par la chrétienté contre les maures d'Es-
pagne. Il accomplit nombreuses prouesses le 18 mai
à la bataille de Cutanda où furent défaits 7 rois mu-

sulmans, augmenta sa renommée de vaillant chevalier en divers combats sanglants et enfin, en 1121,
rentra dans ses états où il fit épouser à son fils
Guillaume, la fille de Maubergeonne.

De ce mariage devait naître l'année suivante
Aliénor de Guyenne.

En 1115, et alors que le regain de passion qui
l'avait ramené à Philippie, commençait à s'estomper, Guillaume, d'une maîtresse qu'il avait à Toulouse, avait eu un autre fils : Guillaume de Valentinois que les généalogistes du XVI° siècle s'accordent à considérer comme la tige des comtes de
Saint-Vallier, branche dont sortit Diane de Poitiers, duchesse de Valentinois (1).

(1) Ce rameau des Poitiers, ducs de Valentinois, a donné
les branches des comtes de Saint-Vallier, des seigneurs
de Saint-Paul en Gascogne, des seigneurs de Vadans et

Ces deux princesses : Aliénor et Diane, l'une reine de France, l'autre... plus que reine surent, comme leur ancêtre en le sien, chacune en leur temps, faire florir autour d'elles la magnificence de l'art et des belles lettres.

*
* *

Guillaume VII mourut le 10 février 1126 et fut inhumé dans le chapitre de l'abbaye de Montierneuf. Ce comte de Poitou, preux descendant de

des comtes de Poitiers en la principauté de Liége, dont les armes comportent, en cimier, l'aigle éployé de sable qui compose les armes personnelles de Guillaume VII : Voir à ce sujet Bibliothèque Nationale, Paris : D'hozier, dossiers bleus 529 au département des manuscrits. Aux imprimés: André du Chesnes : *Histoire Généalogique des Comtes de Valentinois et de Diois, seigneurs de Saint-Vallier, de Vadans, de la Ferté*, L²K 333 bis; *Le père Anselme*, etc. Aux archives de l'Etat, à Liége, les manuscrits de Lefort.

Guillaume d'Orange, duc d'Aquitaine (1), héros
d'aliscans, avait reçu de ses contemporains le sur-
nom de facet (gracieux, plaisant, courtois). L'Histoire lui conserva celui de Guillaume le Jeune (2).
Autant que la tendance et la partialité des témoi-
gnages de l'époque, la mobilité de son esprit,
les contrastes qui naissaient de sa versatilité expli-
quent les divergences des appréciations même contemporaines ou des temps rapprochés. Si Orderic
Vital nous le montre brave et loyal, ami du plaisir, surpassant dans les jeux d'esprit ceux qui font

(1) Guillaume Ier, duc d'Aquitaine, et Guillaume Ier,
comte de Provence, seraient les deux héros historiques
dont la légende a repris et confondu les actes dans Aliscans, en les attribuant à Guillaume d'Orange.

(2) On a cru voir dans Guillaume VII le héros du roman
français du XIIIᵉ siècle intitulé *le Comte de Poitiers*. Le
fait que le personnage principal y est appelé Joufroi peut
s'expliquer, il est vrai, par une confusion entre Guillaume
et son père Guy-Geoffroy-Guillaume.

métier d'amuser les autres, G. du Vigeois nous
dit qu'il avait trop l'amour de la femme et que
ce défaut lui fut nuisible dans la plupart de ses
entreprises. Et Guillaume de Malmesbury, qui ne
l'aime guère, nous le peint en ces termes : « Ne
prenant rien au sérieux, il amenait forcément le
rire sur les lèvres de ses auditeurs »; ce même
historien raconte, d'ailleurs sans preuve, qu'il fonda
à Niort un monastère peuplé de femmes de débau-
che, ayant à leur tête les plus expertes, lesquelles
auraient été pourvues du titre d'abbesse et autres
dignités. On peut logiquement chercher la source
de cette information, dans une facétie de poète
qu'aurait exprimée Guillaume, ou plus simplement
dans la conception d'une mesure de police qu'il
aurait envisagée afin de réglementer la prostitution
ainsi qu'il avait pu voir que cela se pratiquait en
Orient.

Étienne de Bourbon rapporte, qu'ayant voulu se
renseigner sur le genre de vie et la profession qui

pouvait rendre les hommes les plus heureux sur cette terre et procurer le plus de délices, il aurait conclu, après divers essais, en faveur des marchands courant les foires qui, entrant dans une taverne, y trouvent immédiatement toutes les jouissances qu'ils peuvent désirer, et n'ont d'autres préoccupations que celle d'avoir à payer en sortant la dépense faite.

Enfin, au XIII° siècle, l'historien le plus ancien des troubadours, basant sans doute son opinion sur le fait que Guillaume dans ses poésies semble chanter ses propres aventures, commence ainsi le recueil de ses chansons :

« Le Comte de Poitiers fut assurément un des hommes les plus courtois qu'il y eut au monde et il fut en même temps un des plus grands enjôleurs de femmes; il était bon chevalier d'armes mais il était toujours prêt à faire l'amour. Il sut bien trouver et chanter et il courut longtemps par le monde pour tromper les dames. » Mais le troubadour, auteur de cette biographie, semble assez mal renseigné, car il continue en expliquant que le fils de Guillaume VII épousa la duchesse de Normandie, et que de ce mariage est issue la femme du roi Henri d'Angleterre.

Ainsi l'exactitude et souvent l'impartialité des documents le concernant sont douteuses, et c'est par des assertions plus spécialement contemporaines, à la fois nettement sincères et indifférentes. qu'il nous faut chercher à nous faire une idée de son aspect moral. Le chroniqueur de Saint Maxent (Marchegay p. 431 Chr. des Egl. d'Anjou) ne nous dit-il pas « qu'il s'éleva par ses talents militaires au-dessus de tous les princes de son temps » et ne lisons-nous pas (p. 226) dans le Cart de Talmond, que Guillaume, que l'on peut mettre sur le même rang qu'Alexandre, Philippe et Pompée, mérite le nom de Grand; que jamais il ne se mit en colère injustement contre qui que ce soit, et jamais il ne manqua d'être compatissant

aux malheureux, tant il était vrai que son goût
du faste n'excluait en lui ni la simplicité des
manières, ni l'urbanité du cœur.

Enfin, le témoignage, dont l'autorité et la sincérité paraissent les plus inattaquables, tant par
la personnalié de son auteur, que par son âpre
intégrité coutumière, est précisément un témoignage
du temps. Il émane de Geoffroy, abbé de Ven-
dôme, qui cependant n'avait pas eu à se louer du
sans-gêne avec lequel le comte l'avait traité primi-
tivement : or, Geoffroy qualifie le comte de « Cla-
rissimus »; il dit qu'il mène une vie que l'on ne
saurait trop donner en exemple, et encore, que
Dieu a placé le comte de Poitou au-dessus de tous
les hommes, tant par la beauté de sa personne que
par l'élévation de ses sentiments. Il ajoute qu'il
souhaite de lui voir occuper la même place dans
le ciel. Sans doute, cette lettre est-elle anté-
rieure à l'excommunication de Guillaume, mais,
après celle-ci cependant, nous voyons Geoffroy,

bravant pour lui-même semblable sanction, rester
« l'humble ami » du comte de Poitiers.

*
* *

Ce prince, chevaleresque et fastueux, pitoyable
aux petites gens, d'esprit mobile et éclairé, — sans
doute à cause de sa haute situation politique, — est
le plus ancien des troubadours dont les œuvres
nous aient été conservées. Il donna des règles à
la poésie de son temps et sut enfermer l'inspiration dans une forme stricte et régulière, qui n'excluait pas une fantaisie et une verve spirituelle,
rare chez les troubadours postérieurs.

Il est évident que les œuvres d'Eble de Ven-
tadour, de Béchade, Cercamon, Marcabrun, Jaufre Rudel, procèdent de sa technique.

Sans doute, avant lui existaient déjà en germe,
les thèmes conventionnels de l'amour courtois, le
type de l'amant timide et patient, celui du che-

valier soumis à sa dame et qui ne la mérite que par la vertu anoblissante de l'amour loyal, mais on peut dire cependant que la cour de Guillaume VII fut l'origine de la renaissance de cette belle poésie lyrique provençale qui devait devenir si florissante au XII° et au XIII° siècles.

L'INSPIRATION

LA LANGUE

DE SES CHANSONS

Guillaume écrit dans le langage du Limousin, bien plus pour la raison que ce dialecte constitue la langue littéraire du moment (1), que parce que cette contrée dût être le théâtre des principales aventures dans lesquelles l'entraînait son tempérament ardent.

Dans son œuvre se reflètent tour à tour les trois aspects courtois, pieux et licencieux.

(1) Cet idiome servait comme tel en Viennois, Languedoc, Provence et Roussillon, Catalogne et Italie.

Il semble logique d'admettre que les chansons d'inspiration sensuelle ou affectant l'allure des récits populaires, sont des œuvres de jeunesse et qu'elles furent sans doute écrites avant la croisade de 1102. Pendant la durée de son mariage avec Philippie, si Guillaume continua à chanter ses bonnes fortunes — ce ne pouvait plus être que d'une façon plus voilée, et nous devons croire qu'il le fit dans ses pièces courtoises, de forme d'ailleurs plus raffinée, mais dans lesquelles perce souvent une sincérité qui n'exclut ni la désinvolture ni l'audace.

Entre temps, à son retour d'Orient, il avait alors 31 ans, il s'était mis à narrer en vers gais ses pérégrinations cependant peu propres à inspirer la joie, mais il avait l'art, nous dit Orderic Vital, d'entremêler son récit d'aventures plaisantes qui prêtaient à rire. Ce poème burlesque, sans doute très long, ne nous est pas parvenu.

Quant à la chanson de croisade, il apparait par son contenu même, qu'elle fut écrite en l'an 1112 lors d'un pèlerinage que Guillaume entreprit ou plus probablement en 1120 au moment de sa croisade contre les maures (2).

Une seule chanson représente dans l'œuvre de Guillaume un genre particulier très en honneur dans la poésie des troubadours : le coq à l'âne qui n'est en somme qu'une sorte de puzzle amusant d'images disparates, capables de surprendre l'esprit et de retenir l'attention.

L'allemand Diez, dont l'érudition en cette matière fait autorité, considère les poésies de Guillaume comme « gracieuses, faciles et sans profondeur ». Il nous dit que, malgré la simplicité de forme, on y sent une élaboration consciencieuse car ce prince visait à la renommée de bon poète

(2) Dans le classement des douze chansons qui suivent, on a surtout cherché à rétablir l'ordre chronologique; d'après les considérations ci-dessus, nous voyons qu'il se confond sensiblement avec la distinction par genres.

et qu'elles renferment en germe, tous les traits caractéristiques de la chanson d'amour provençale ». « Le comte de Poitiers, écrit-il plus loin, a été d'un de ces hommes privilégiés dont on chérit même les travers. » Il termine en disant que « sa chanson de croisade est une poignante expression d'un amer repentir et dont on ne peut mettre en doute la sincérité. »

L'appréciation de Diez est sans doute assez juste en principe, mais ne néglige-t-il pas un peu trop facilement le fait que Guillaume est en somme une manière de « primitif » du lyrisme.

Et n'est-il pas plus équitable d'admettre, qu'avec les matériaux d'expression et d'élaboration, assez frustes du temps, il a su composer des chansons joliment cadencées, spirituelles et vives, gracieuses et mesurées, lestes ou alertes, tendres parfois, enfin, et pour tout dire, des chansons déjà « bien françaises ».

LA TECHNIQUE DU VERS
LA TRADUCTION

Il est évidemment impossible, dans une transposition d'anciens textes en français moderne, de conserver à la fois le sens et le rythme du vers original.

J'ai maintenu dans celle-ci, avec quelques mots archaïques, certaines inversions et l'ellypse du pronom ou de l'article, qui est d'ailleurs quasi constante en langue romane. Cette forme de l'ancien langage, qui n'est pas sans avoir une certaine saveur, permet de ramasser mieux la pensée en des vers qui, de par les règles souvent, doivent être trop étriqués. J'ai donc cherché avant tout à conserver le sens, la « couleur du langage », le rythme et le plus possible des rimes identiques, Pareille transposition ne peut se faire sans s'écarter du texte strict, mais si le « mot à mot » y est impossible, on peut du moins essayer de ne pas s'éloigner du « sens à sens » et ce, en faisant, de la façon la plus absolue, abstraction de sa propre personnalité.

Au point de vue technique, je signale seulement la particularité suivante : les vers de 11 syllabes ont des césures masculines ou à l'italienne, alors que ceux de 14 ont des césures épiques ou masculines. Et ceci incline à penser qu'il faut voir dans le vers de 14, l'ancien refrain avec repos de la voix à la 7ᵉ syllabe.

Toutes les pièces traduites, ne l'oublions pas, sont essentiellement des chansons et c'est la citole (1) en sautoir que nous devons imaginer le jongleur qui les chantait.

Dans leur forme serrée, elles expriment tour à tour des sentiments qui étaient naturellement ceux

(1) Les autres instruments sont : viole (archet), harpe, sistre, tambourin, castagnettes, symphonie, maudorre, monocorde, rote à 17 cordes. gige, psaltérion, chalumeau, lyre, tymbales, trompette, cornes et grailles.

du temps : la courtoisie, non exempte de sensua-
lité, l'intelligence des rythmes, le jeu des idées raf-
finées et ceux de la contrée aussi : la douceur de
vivre, les fêtes des sens, la joie de l'âme au soleil, le culte de la ligne et des formes, propres aux
pays du midi.

Aussi, lorsqu'entouré de tapisseries fastueuses,
aux chimères héraldiques, parmi les banderolles
vives et claires, sur une estrade ouvrée d'or, le
tribunal des dames gravement rendait sentence
d'amour; quand, entre deux plaids, un jongleur vêtu
de satin et coiffé du chaperon à plumes onduleuses,
harpait parmi celles du comte de Poitiers, ou bien
l'une de ses chansons, courtoise, raffinée ou conven-
tionnelle, ou l'une de celles-là dont l'expression un
peu verte donnait fort à penser à leur jurisprudence;
il n'était pas bien sûr que ce ne fut pas l'une
de ces dernières, ardente et indiscrète. que les
gentes dames, les yeux baissés... ou recueillis,
n'écoutassent le plus dévotement.

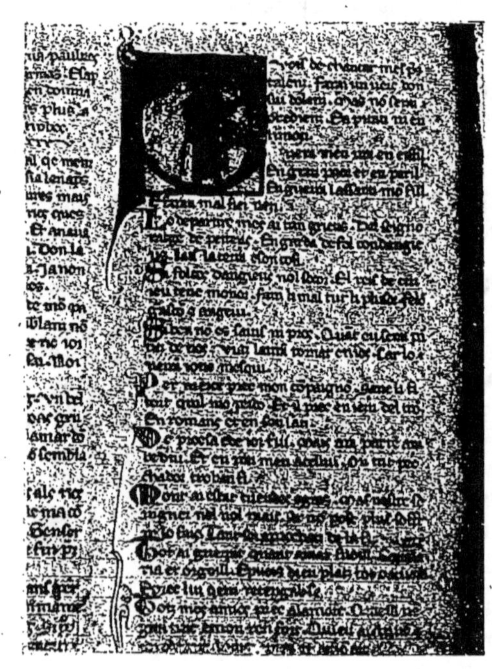

« Extrait du Manuscrit Fr. 12473. Paris. Bibl. Nat. »

LES CHANSONS [1]

(1) Le texte des chansons a été reproduit textuellement d'après les manuscrits existants sans que l'on se soit permis d'y corriger même d'apparentes incorrections grammaticales tant il semble hasardeux en cette matière de prétendre distinguer les exceptions fantaisistes des exceptions normales qui, à l'époque devaient jaillir à la fois de la diversité des lieux et de la mobilité d'une langue en perpétuel état de formation.

Lo coms de Peitieus si fo uns dels majors cortes del mon, e deis majors trichadors de dompnas; e bons cavalliers d'armas, e larc de dompniar. E saup ben trobar e cantar; et anet lonc temps per lo mon per enganar las domnas. Et ac un fil que ac per moiller la duquessa de Normandia, don ac una filla que fo moiller del rei enric d'englaterra, maire del rei jove, e d'en richart, e del comte Jaufre de Bretaingna.

Le comte de Poitiers fut assurément l'un des hommes les plus courtois qu'il y eut au monde, et il fut en même temps l'un des plus grands enjôleurs de femmes. Il était bon chevalier d'armes, mais il était aussi toujours prêt à faire l'amour. Il sut bien trouver et chanter et il courut longtemps de par le monde pour tromper les dames.

LES CHANSONS
LICENCIEUSES

I

Companho faray un vers... covinen
Et aura'i mais de foudatz no'ya de sen
Et er totz mesclatz d'amor e de joy e de joven.

E tenguatz lo per vilan qui no l'enten
O dins son cor voluntiers (qui) non l'apren
Greu partir si fai d'amor qui la trob'a son talen.

Dos cavalhs ai a ma selha ben e gen
Bons son e adreg per armas e valen
E nols puesc amdos tener que l'us l'autre non cossen.

Si'ls pogues adomesjar a mon talen
Ja no volgia alhors mudar mon guarnimen
Que miels for' encavalguatz de nuill d'ome viven.

Laun fon dels montaniers lo plus corren
Mas tan fera estranheza longuamen
Et es tan fers e salvatges que del ballar si defen.

L'autre fon noyritz sa jus part cofolen
Et anc no'n vis bellazor mon escien
Aquest non er ja camjatz ni per aur ni per argen.

Quieu'l doney a son senhor polin payssen
Pero si'm retinc ieu tan de covenen
Que s'ilh lo teni ' un an quiel tengues cen.

Cavalliers datz mi cosselh d'un pessamen
Anc mais no fuy issarratz de cauzimen
Res non sai ab qual mi tengua de N'Agnes o de
                                    [N'Arsen.

De Gimel ai lo castel e'l mandamen
E per Niol fauc ergueil a tota gen
*C'ambedui me son jurat e plevit per **sagramen**.*

I (A)

Compagnons, ferai un vers   convenant :
Il sera certes plus foi   que de bon sens,
Tressé de joy et d'amour   de jeunesse s'em-
                                          ⌠mêlant.
Or donc tenez pour vilain   qui ne l'entend
Puis en son cœur volontiers   lors ne l'apprend;
Ne se partira d'amour   qui le trouve à son talent.

(A) Le mouvement des vers de 11 et de 14 semble au
prem er abord assez déconcertant; nous sommes en effet
peu accoutumés à marquer la césure à la septième syllabe
ainsi qu'il est de règle pour ces rythmes qui sont ceux des
trois premières chansons.

4

J'ai de selle deux chevaux des plus allants,
Tous deux aux combats dressés fiers et vaillants;
Je ne puis les tenir deux   sans leur causer de
[tourment.
Si je pouvais les dompter à mon talent
Je ne porterais ailleurs mon guarniment,
Car je serais mieux monté   en chevaux qu'homme
[vivant.
L'un, de montagne, nerveux, coureur ardent,
Mais est devenu rétif depuis longtemps,
Aussi, farouche et rétif   de l'étrille se défend.

L'autre élevé tout là-bas à Confolens,
Vous n'en vîtes de plus beau j'en fais serment;
Je ne le voudrais changer   ni pour or ni pour
[argent.
J'en fis don à son seigneur poulain paissant;
Mais je ne l'abandonnai qu'en convenant
Que s'il le tenait un an je le tiendrais plus de cent.

Chevaliers je veux conseil   mon doute est grand :
Jamais choix ne parut plus   embarrassant;
Dame Agnès ou dame Arsen   laquelle garder
                                              [dument.
De Gimel j'ai le castel   le mandement,
Et de Niol je suis fier   à toutes gens,
L'un et l'autre m'ont juré   leur foi par un grand
                                              [serment.
Jumel-en-Corrèze, Nieul (Haute-Vienne) et Confolens
(Charente), diocèse de Limoges.

II

Compaigno non puous mudar qu'eo no m'effrei
De novellas do n... auzidai e qué vei
Qu'una domna s'es clamada de sos gardadors a mei.

E diz que non vole prendre dreit ni lei
Ans la teno esscrrada quada trei
Tant l'us no'ill largu l'estaca que l'altre plus no
                                              [la'ill plei.*

Et aquil'l fan entre lor aital agrei
L'us es compains gens a foc mandacairei
E meno trop major nauta que la mainada del rei.

Et eu dic vos gardador e vos castei
E sera ben gran folia qui no'm crei
Greu verrez neguna garda que ad oras non sonnei.

Qu'eu anc non vi nulla domn' ab tan gran fei
Qui no vol prendre son plait o sa mercei
S'om la loigna de proessa que ab malvastatz non
          [plaidei.

E si'l tenez a cartat lo bon conrei
Adoba's d'aquel que troba viron sei
Si non pot aver caval... cumpra palafrei.

Non i a negu de vos la'm desautrei
Sem li vedava vi fort per malavei
Non begues enanz de l'aiga qu'es laises morir de sei.
 Chascus beuri'ans de l'aiga que's laises morir de sei.

II

Compagnons ne puis garder que j'aie émoi
Des nouvelles que j'entends et que je vois,
De ses gardiens une dame en doit appeler à
[moi.

Et dit qu'ils ne veulent prendre droit ni loi,
Ainsi la tenant enfermée à eux trois,
Si un lâche la courroie de l'autre l'effort s'ac-
[croît.

Tels sont leurs agissements et leurs exploits,
Guère plus que charretiers ne sont courtois,
Et mènent bien plus grand bruit que la mesnie (1)
[de nos rois.

Je veux vous dire gardiens ce que je vois,
Il sera pris de folie qui ne me croit;
On ne trouve pas de garde qui ne sommeille
[parfois.

(1) Maison, famille féodale.

A-t-on vu dame jamais de telle foi,
Qui n'ayant honnêteté à franc-aloi,
Par méchante ruse alors   ne découvre son pour-
[voi.
Si vous lui tenez hors prix le doux arroi,
Saura s'arranger d'objets auprès de soi;
Et n'ayant pas de cheval   achètera palefroi.

Nul parmi vous ne niera que si parfois :
On lui défendait le vin   par male loi,
Il boirait certes de l'eau   pour ne point mourir
[de soif.
Chacun boirait bien de l'eau   pour ne point mou-
[rir de soif.

III. COMS DE PEITIEUS

Companho   tant ai agutz d'avols conres
Qu'ieu non puerc mudar no'n chan e que no'm pes
Enpero no vueill c'om sapcha mon afar de maintas
[res.

E dirai vos m'entendensa de que es
No m'azauta cons gardatz ni gorc ses peis
Ni gabars de malvatz homes c'om de lors faitz
[non agues.

Senher Dieus quez es del mon capdels e reis
Qui anc premiers gardet con com non esteis
C'anc no fo mestiers ni garda c'a si dons estes
[sordeis.

Pero dirai vos de con cals es sa leis,
Com sel hom que mal n'a fait e peitz n'a pres
Si c'autra res en merma qui.n pana e cons en creis.

E sels qui no volran creire mos casteis
Anh.o vezer prcs lo bosc en un deveis
Per un albre c'om hi tailla n`i naison (ho) dos ho
                                                    [*treis.*

..E quan lo bocx es taillatz nais plus espes
E-l senher no'n pert son comte ni sos scs
A revers planh hom la tala si.l dampn...

Tortz es ca... dan noi a...

III

Compagnons j'ai tant goûté méchantes choses
Que ne puis ne les chanter pourtant je n'ose
Et puis ne veux que l'on sache   mon affaire
                                    [en maintes causes.

Je vous dirai mon avis   sans nulle pause
Ne me charme cœur (1) gardé   lac sans alose,
Ni dire de fanfarons   dont les actes trop se faus-
[sent.

Seigneur Dieu dans l'univers   dont tu disposes
Quand tu gardes cœurs premiers   la mort s'impose
Car jamais garde ne put   à dame être plus mo-
[rose.

Mais je veux dire des cœurs   quelle est la clause
Si malgré portes fermées   serrures closes
Sont amoindris bien volés   cœurs en éclosent.

(1) Le terme original est aujourd'hui trop péjoratif pour
que l'on puisse le traduire autrement que par une métaphore. Sans doute en l'an 1100 sa signification n'était-elle
pas encore aussi décriée. Au reste, à l'époque où nous sommes, le terme précis... et sa métaphore tendent de plus en
plus à se confondre et pourront sans doute s'employer bientôt
indifféremment si l'on en veut croire en particulier, la
psychanalyse de Freund.

Celui qui ne voudrait croire à cette glose
Voie en la forêt privée et toute enclose
Si pour un arbre taillé   deux plans neufs ne se
[composent
Quand le bois est bien taillé croit grandiose
Le sire y trouve son compte   ou double dose;
C'est le dommage certain   si d'autre usage dispose.

IV. COMS DE PEITIEUS

..Ben vuelh que sapchon li pluzor
D'est vers si's de bona color
Qu'ieu ai trag de mon obrador
Qu'ieu port d'ayselh mestier la flor
Et es verlatz
E puesc ne trair'lo vers auctor
Quant er lassatz.

..Ieu conosc ben sen e folhor
E conosc anta et honor
Et ai ardimen e paor
Et si'm partezt un jucc d'amor
No suy tan fatz
No'n sapcha triar lo melhor
D'entrels malvatz.

Ieu conosc ben selh qui be'm di
E selh quim vol mal atressi
E conosc ben selhuy qui'm ri
Et selhs que s'azauton de mi
Conosc assatz
Qu'atressi dey voler lor fi
E lor solatz.

  Mas ben aya selh qui'm noyrt
Que tan bo mestier m'eschari
Que anc a negu non falhi

Que de jogar sobre coyssi
A totz tocatz
Mais en say que nulh mo vezi
Qual que'm vejatz.

Dieus en lau e Sanh Jolia
Tant ai apres del juec doussa
Que sobre totz n'ai bona ma
E selh qui cosselh mi querra
Non l'er vedatz
Ni un de mi non tornara
Descosselhatz.

Qu'ieu ai mo « maiestre certa »
Ja m'amigu' anueg no m'aura
Que no'm vuelh' aver l'endema
Qu'ieu suy d'aquest mestier so'm va
Tan ensenhatz
Que be'n sai guazanhar mon pa
En totz mercatz.

Pero no m'auzetz tan guabier
Qu'ieu non fos rahusatz l'autr'ier
Que jogav'a un joc grossier
Que'm fon trop bos el cap primier
Tro fuy' taulatz
Que'm guardiey no m'ac plus mestier
Si'm fon camjatz.

Mas elha'm dis un reprovier
« Don, vostres datz son menudier
Et ieu revit vos a doblier »
Dis ieu: « Qui'm dava Monpeslier
Non er laissatz. »
E leviey un pauc son taulier
Ab ams mos bratz.

Et quand l'aic levat lo taulier
Empys los datz
El duy foron cairavallier
El terz plombatz.

Ben fills fort ferir al taulier
E fon joguatz.

IV

Je veux que l'on sache en cette heure
S'ils sont vers de bonne couleur
Qui de mon atelier sont fleurs :
En ce métier fin ciseleur
En vérité,
Ce vers m'en sera défendeur
Etant lacé.

Je connais sages et gloseurs,
Et je connais honte et honneur,
Je connais l'audace et la peur
Si du jeu d'amour m'offrez l'heur,
Bien je saurai
Des partis choisir le meilleur
N'étant buté.

Connais celui qui bien me dit,
Celui qui me veut mal aussi,
Je connais celui qui me rit,
Et si les bons sont mes amis
Je sais assez
Que je dois agréments et ris
Leur procurer.

Qu'il soit béni qui m'a nourri
Et si habile me rendit
Qu'à personne encor n'ai failli;
Je sais sur un coussin molli
Jouer tous jeux;
J'en sais plus que nul autre aussi,
Tel me voyez.

J'en loue et Dieu et Saint Julien :
Je sais le plus doux jeu si bien
Que plus que tous j'ai bonne main;
Si pour quelque conseil l'un vient

Je répondrai ;
Nul ne me quitte sans le bien
D'un avis vrai.

  Car j'ai pour nom : « Maître Certain » :
De nuit m'amie ne me retint
  Que ne me veuille au lendemain;
Je suis en ce métier enfin
Instruit assez
Pour pouvoir en gagner mon pain
Sur tous marchés.

  En quoi ne m'oseriez railler
Car je ne fus hier grugé
Pourtant jouant un jeu grossier,
Qui me fut bon au chef premier
D'avant jouer,
Ce que gardai n'eut eu méstier (1)
S'il fut changé.

  (1) Utilité.

Elle me dit, proverbe, osé :
« Seigneur vos dés sont trop légers
Je vous invite à redoubler »
Je fis : « Qui devant Montpeslier
N'y doit rester »
Et levai un peu son taulier (2)
Pour rejouer.

Et quand j'eus levé le taulier
Lancé les dés
Deux des dés étaient chevauchés (3)
L'autre plombé.

Je les fis férir au taulier
Ce fut joué.

(2) Indifféremment table de jeu ou tablier
(3) Coup nul.

V

Farai un vers pos mi sonelh
En vauc e m'estauc al solelh
Domnas i a de mal conselh
E sai cals
Cellas c'amor de cavalier
Tornon a mals.

Domna fai pechat mortal
Q e no ama cavalier leal
Mais si es monges o clers gal
Non a raizo
Per dreg la deuri'hom cremar
Ab un tezo.

En Alvergnhe part Lemozi
M'en ane un jorn a tapi
E trobei la moller d'en Guari
E d'en Bernard
Saluderon mi simplamontz
Per sant Launart.

La una·m diz en son latin
« O Dieus vos salb don pelerin
Mout mi semblatz di belh aizin
Mond escient
Mas trop vezem anar pel mon
De folla gent. »

Azires cal respondutz
Anc no li diz ni bas ni but
Ni fer ni frust no a montagutz
Mas sol aitan
« Bariol barial barian
Babarian. »

So·diz n'Agnes a n'Aimercen
« Trobat avem que anam queren.
Sor, per amor Deu, l'alberguem
Qe ben es mutz
E ja per lui nostre conselh
Non er sabietz. »

La una'm pres stoz son mantelh
E mes m'en sa cambra, el fornel.
Sapchatz qu'a mi fo bon e bel
E'l foc fo bos
Et eu calfei me volentiers
Als gros carbos.

A manjar mi deron capos
E sapchatz agui mais de dos
E no'i ac cog ni cogastros
Mas sol nos tres
E'l pans fo blancs e'l vin fo bos
E'l pebr' espes.

Or si aquest hom es ginhos
Ni laicha a parlar per nos
Nos aportem nostre gat ros
De mantenent
Qe'l fara parlar az estros
Si de re'nz ment. »

N'Agnes anet per l'enujos
E fo granz et ag loncz guinhos
Et eu can lo vi entre nos
Aig n'espavent
Qe a pauc non perdei lamor
E l'ardiment.

Qant aguem begut e manjat
Mi despoillei a lor grat.
Detras m'aporteron lo chat
Mal e felon
La una'l tira del costat
Tro al tallon.

Per la coa de mantenen
Tira'l quat et el escoisen
Plajas mi feron mais de cen
Aqella ves
Mais ou no'm mogra ges enguers
Qui m'ausizes.

Oz, diz n'Agnes a n'Aimersen
Mutz es qe ben es conoissen
Sor del banh nos apareillem
E del sojorn. »
Et li jorn estei
Ara qel torn.

Tant las fotei com auzirets
Cen e quatre vint et ueit vetz
Q'a pauc no'i rompei mos coretz
Et mos arnes
Et no'us puesc dir lo malaveg
'Tan gran m'en pres.

Monet tu m'iras al mati
Mo vers porteras el borsci
Dreg a la molher d'en Guari
Et d'en Bernat
Et digues lor que per m'amor
Aucizo'l cat.

V (1)

Je chante en un demi sommeil
Marchant en restant au soleil
Des dames de mauvais conseil
Sais dire cals
Osent l'amour des chevaliers
Tourner à mal.

Dame fait un bien grand péché
Qui n'aime un loyal chevalier;
Aime-t-elle moine ou cleɪgé,

(1) C'est ici le sujet d'un conte de Boccace.

Ah déraison :
Par droit on la devrait brûler
Sur des tisons.

En Auvergne après Limousin,
Ai rencontré sur mon chemin :
Les femmes de Sire Garin
Et de Bernard ;
Me saluèrent simplement
Par Saint Lénard. (1)

L'une me dit en son latin :
« Que Dieu vous aide pèlerin
De bonne race êtes empreint
A mon escient;
On voit trop aller par le monde
De folles gens ».

(1) Saint Léonard, ermite limousin du VI⁰ siècle, .d'où
Saint-Léonard-de-Noblat (Haute-Vienne).

Sachez ce que j'ai répondu :
Je ne lui dis ni bat ni but,
Aucun langage n'ai tenu
Rien que disant :
Bariol, barial, babarian,
Babarian.

" Sœur, dit Agnès, vois nous trouvons
Aimercen, ce que nous cherchons,
Pour l'amour de Dieu hébergeons
Ce muet-là;
Jamais par lui notre conduite
Ne se saura ".

L'une me prend sous son manteau
Me mène en sa chambre au fourneau.
Sachez ce me fut doux et beau
Dieu le feu bon,
Et je me chauffais volontiers
Aux gros charbons.

A manger me donnent chapons
En abondance gras et blonds,
Sans cuisinier ni marmitons.
Rien que nous trois.
Le pain était blanc, le vin bon,
Le poivre en noix.

« Ma sœur, s'il se gaussait de nous,
Célant son parler peu ou prou;
Apportons donc notre chat roux
Car il saura
Le faire parler sans retard
S'il nous trompa. »

Agnès s'en alla le chercher,
Il était laid, mais délié,
Et quand je le vis m'approcher,
De ses moustaches
Je fus je l'avoue effrayé
Et moins bravache.

Quand nous eûmes bu et mangé,
Me dévêts à leur volonté,
Derrière moi ont apporté
Le chat félon,
L'une le tire de mes côtés
Jusqu'au talon.

Par la queue elle le tirant
Et lui de-ci, de là, griffant
Ce jour je fus de plaies par cent
Tout déchiré;
Mais je n'eusse voulu bouger
M'eût-on tué.

« Sœur, dit Agnès, c'était bien vrai,
Et cet homme est certes muet;
Préparons donc le bain en paix
Et notre joy ».
Huit jours et plus encor je fus
En cet endroit.

Nous fîmes comme oiseaux ma foi
Plus de cent quatre-vingt huit fois.
Pour peu j'en rompis mes courroies
Aussi mes armes ;
N'en puis dire mon désarroi
Ni mes alarmes.

" Monet tu iras au matin
Porter mes vers par ce chemin
Aux femmes de Sire Garin
Et de Bernard :
Dis que soit pour l'amour de moi
Occis le chat. "

COQ-A-L'ANE

VI. COMS DE PEITIEUS.

Farai un vers de dreyt nien
Non er de mi ni d'autra gen
Non er d'amor ni de joven
* Ni de ren au*
Qu'enans fuy trobatz en durmen
* Sobre chevau.*

No sai en qual guiza'm fuy natz
No suy alegres ni tratz
No suy estrayns ni sui privatz
* Ni no'n puesc au*
Qu'enaissi fuy de nueitz fadatz
* Sobr' un pueg au.*

No sai qu'ora'm fuy endurmitz
Ni quora'm velh s'om no m'o ditz
Per pauc no m'es lo cor partitz
  D'un dol corau
E no m'o pretz una soritz
  Per sanh Marsau.

Malautz suy e cre mi murir
E ren no' sai mas quan n'aug dir
Metge querrai al mieu albir
  E no sai tam
Bos metges es quim pot guerir
  Mas ia non sia amau.

M'Amigua ieu no sai qui s'es
Qu'anc non lan vi si m'ajut fes
Ni'm fes que'm plassa ni que'm pes
  Ni no m'en cau
Qu'anc non ac Norman ni Frances
  Dins mon ostau.

Anc non la vi et arn la fort
Anc no n'aic dreyt ni no m fes tort
Quan non la vey be m'en deport
  No'm pretz un jau
Qu'ie'n sai gensor e bellazor
  E que mais vau.

Fag ai lo vers no say de cuy
E trametrai lo a selhuy
Que lo'm trametra per autruy
  Lay ves Anjau
Que'm tramezes del sieu estug
  La contraclau.

VI

Ferai un vers de pur néant :
Non point sur moi ni d'autres gens,
Non plus d'amour, ni de serment,

Ni dicts féaux;
Je l'ai composé en dormant
Sur un chevau.

Sous quelle étoile suis-je né :
Je ne suis gai ni attristé
Ni revêche ni familier,
Je n'en puis au;
Une fée de nuit m'a doué,
Sur un puy haut.

Ne sais si je suis endormi
Ou si je veille et où je suis.
Peu s'en faut mon cœur soit parti :
Dolent étau,
Ne le prise plus que souris
Par Saint-Marceau (1).

(1) Saint Martial, patron du Limousin.

Malade suis et crois mourir,
Mais ne puis que le pressentir :
Un médecin j'irai quérir,
Par monts et vaux;
Bon certes s'il me peut guérir,
Mauvais s'il fault.

J'ai une amie qui je ne sais
Car ne la vis ma foi jamais ;
D'elle je n'eus bien ni méfait,
Il ne m'en chaut ;
Oncques n'eus normand ou français
Dans mon ostau. (2).

Jamais ne la vis, l'aime fort,
Jamais ne m'a fait droit ni tort;
Quand ne la vois, bien m'en déport,

(2) Maison, armée.

Ne vaut moineau,
Je sais minois bien plus accor ,
Et qui mieux vaut.

Mon vers est fait de tout ceci;
Je vais le donner à celui
Qui le transmettra par autrui
Là vers l'Anjou, (3)
Et m'enverra de son étui
La Contraclau (4).

(3) Sans doute à Maubergeonne, angevine de naissance,
cette pièce daterait alors d'avant 1115.
(4) Double clef.

LES CHANSONS
D'AMOUR COURTOIS

VII

AISSI COMENSA DEL COMTE DE PEITIUS

Mout jauzens me prenc en amar
Un joy don plus mi vuelh aizir
E pus en joy vuelh revertir
Ben dey si puesc al mielhs anar
Quar mielhs ornam estiers cujar
Qu'om puesca vezer ni auzir.

Jeu so sabetz no·m dey gabar
Ni de grans laus no·m say formir
Mas si anc nulhs joys poc florir
Aquest deu sobre totz granar
E part los autres esmerar
Si cum sol brus jorns esclarzir.

Anc mais no poc hom faissonar
Coes en voler ni en dezir
Ni en pensar ni en cossir
Aitals joys no pot par trobar
E qui be·l voura lauzar
D'un an no y poiri' avenir.

Totz joys li deu humiliar
Et tota ricors obezir
Mi dons per son belh aculhir
E per son belh plazent esguar
E deu hom mais cent ans durar
Qui·l joy de s'amor pot sazir.

Per son joy pot malautz sanar
E par sa ira sas morir
E savis hom enfolezir
E belhs hom sa beutat mudar
E'l plus cortes vilanejar
E totz vilas encortezir.

Pus hom gensor no'n pot trobar
Ni huelhs vezer ni boca dir
A mos ops la'n vuelh retenir
Per lo cor dedins refrescar
E per la carn renovellar
Que no puesca envellezir.

Si'm vol mi dons s'amor donar
Pres suy del penr'e del grazir
E del celar e del blandir
E de sos plazers dir e far
E de sos pretz tenir en car
E de son laus enavantir.

.Ren per autruy non l'aus mandar
Tal paor ay qu'ades s'azir
Ni ieu mezeys, tan tem falhir
No l'aus m'amor fort assemblar
Mas elha'm deu mo mielhs triar
Pus sap qu'ab lieys ai a guerir.

VII

Tout est plaisir, je veux aimer
La douce joy (1) dont puis jouir,
Je veux à la joy revenir,
Puis en elle le mieux chercher,
Car je suis sans faux honoré
Du mieux que voir et puisse ouir.

(1) Le mot provençal, du masculin, n'est pas tout à fait
l'équivalent du terme français joie ou joy, et signifie plus
particulièrement l'exaltation causée par l'amour.

N'ai coutume de me vanter
Ni grandes louanges m'offrir,
D'autres joy ont bien pu florir,
Celle-ci mieux va s'engrainer
Et chacune autre surpasser,
Brume au soleil doit s'éclaircir.

Nul jamais n'a pu figurer
Ni par vouloir ni par désir
Ni en penser ni en plaisir
Joy qui plus qu'elle a pu troubler,
Et, qui bien voudrait la louer,
D'un an n'y pourrait parvenir.

Autre joy doit s'humilier
Devant ma dame au clair sourire,
En son regard grâce se mire.
Noblesse aussi doit s'incliner.
C'est bien plus de cent ans durer
Que joy de son amour saisir.

Par sa joy mourant peut guérir.
Par sa colère on peut mourir,
Le plus beau perdre sa beauté,
Le sage en fol se transformer,
Le courtois peut vilain sembler
Et vilain courtois devenir.

Plus belle ne se peut trouver
Nul dict, regard, se mieux blandir, (1)
Pour mon bien la veux retenir,
Par elle soit mon cœur grisé,
Aussi mon corps renouvelé.
Si bien qu'il ne puisse vieillir.

Dame, votre amour me donnez ?
Suis prêt à tant me réjouir,
Partout le faire resplendir
Ou bien à chacun le celer,

(1) Louer, célébrer.

A tant et bien vous courtiser
Que par moi n'aurez que plaisir.

Je n'ose envoyer messager
Hélas! tant je crains de faillir;
S'elle allait mon amour bannir...
Moi-même n'ose rien mander
Elle se doit de deviner
Sachant qu'elle peut me guérir.

VIII

Pus vezem de novelh florir
Pratz o vergiers reverdezir
Rius e fontanas esclarzir
Auras e vens
Ben deu quascus lo joy jauzir
Don es jauzens.

D'amor non dey dire mas be.
Quar no n'ai ni petit ni re
Quar ben leu plus no m'en cove
  Pero leumens
Dona gran joy qui be'n mante
  Los aizimens.

  A totz jorn m'es pres enaissi
Qu'anc d'aquo qu'amiey non jauzi
Ni o faray ni anc no fi
  Qu'az esciens
Fas mantas res que'l cor me dit
  « *Tot* [es] *niens.* »

  Per tal n'ai meyns de bon saber
Quar vuelh so que no puesc aver
El reproviers me ditz ver
  Certanamens :
  « *A bon coratge bon boder*
  Qui's ben suffrens. »

Ja no sera nuils hom ben fis
Contr'amor si non l'es aclis,
Et als estranhs et als vezis
        Non es consens
Et a totz sels d'aicels aizis
        Obediens.

        Obediensa deu portar
A motas gens qui vol amar
E coven li que sapcha far
        Faigz avinens
Et que's gart en cort de parlar.
        Vilanamens.

        Del vers vos dig que mais en vau
Qui ben l'enten e n'a plus lau
Que'l motz son fag tug per egau
        Cominalmens
E'l sonet qu'ieu mezeis lo'm lau
        Bos e valens.

A Narbona mas ieu no'i vau
      Sia'l prezens
Mos vers e vuelh que d'aquest lau'
      M sia guirens.

   Mon Esteve mas ieu no'i vau
      Sia'l prezens
Mos vers e vueil que d'aquest vers
      Sia guirens.

VIII

Puisque nous voyons refleurir
Les prés et vergers reverdir,
Ruisseaux, fontaines s'éclaircir,
Muser le vent,
Pour chacun la joy doit jaillir
A bon escient.

D'amour ne dois dire que bien.
Si je n'en ai ni peu ni rien ?
C'est qu'ainsi doit être le mien ;
Je sa's pourtant
Qu'il donne grande joy dument
A ses servants.

Toujours mon destin fut ceci :
Ce que j'aimais n'en ai joui,
!l en fut et sera ainsi,
Car trop souvent
Quand j'agis, mon cœur me redit :
« Tout est néant. »

Moins qu'autres ai joy et espoirs
Car veux ce que ne puis avoir,
Ce proverbe ne peut falloir
Certainement :
« A bon courage et bon pouvoir
L'homme patient. »

Nul ne triomphe de l'amour
S'il ne lui soumet tous ses jours,
Et au lointain et alentour
S'il ne consent,
D'être à tous ceux de son séjour
Obédient.

Obédient se doit montrer
A moultes gens, qui veut aimer,
Et dans sa conduite chercher
D'être avenant;
Qu'il se garde en cour de parler
Vilainement.

De ce vers, je dis mieux en vaut
Qui en jouit le trouvant beau
Car les couplets sont tous égaux
Communément,

Et le sonnet (1) est sans défaut
Bon et valant.
   A Narbonne puisque j'y faulx
Qu'il soit présent
Ce vers élogieux hérault
Et mon garant.

   Près mon Estève (2), car j'y faulx
Qu'il soit présent
Ce vers élogieux hérault
Et mon garant.

(1) La mélodie.

(2) Estève pourrait être la mère de Guillaume de Valentinois et en ce cas la pièce daterait vraisemblablement de
la période allant de 1099 à 1113 (nouvelle occupation du
comté de Toulouse).

IX. COMS DE PEITUIS

Farai chansoneta nueva
Ans que vent ni gel ni plueva
Ma dona m'assaya e·m plueva
Quossi de qual guiza l'am
E ja per plag que m'en mueva
No·m solvera de son liam.

Qu'ans mi rent a lieys e·m liure
Qu'en sa carta·m pot escriure.
E no m'en tengatz per yure
S'ieu ma bona dompna am
Quar senes lieys non puesc viure
Tant ai pres de s'amor gran yam.

Qual pro y auretz, dompna conja
Si vostr' amor mi deslonja
Par queus vulhatz metre monja.
E sapchatz quar tan vos am
Tem que la dolors me ponja
Si no'm faitz dreg dels tortz qu'ieus clam.

Que plus etz blanca qu'evori
Per qu'ieu autra non azori.
Si'm breu non ai ajutori
Cum ma bona dompna m'am
Morrai pel cap sanh Gregori
Si no'm bayza en cambr' o sotz ram.

Qual pro y auretz s'ieu m'enclostre
E no'm retenetz per vostre
Tot lo joys del mon es nostre
Dompna s'amduy nos amam.
Lay al mieu amic Daurostre.
Dic et man que chan e bram.

7

Per aquesta fri e tremble
Quar de tan bon' amor l'am
Qu'anc no cug qu'en nasques semble
En semblan del gran linh n'Adam.

IX

Je ferai chansonnette neuve
Avant qu'il vente, gèle ou pleuve;
Ma dame me mande une épreuve,
Doutant de quelle guise l'aime;
Mais quelqu'ennui qu'elle me meuve
Son lien garderai quand même.

Je me rends à elle et me livre,
En sa charte je veux la suivre.
Et ne m'en tenez point pour ivre
Si ma parfaite dame j'aime,
Car sans elle ne pourrais vivre;
De son amour ai faim extrême.

Dame jolie, qu'y gagnerez
Si de votre amour m'éloignez ?
Vous faire nonne ne devez.
Et sachez que tant je vous aime
Que de douleur vais trépasser
Si n'entendez ma plainte blême.

Vous êtes plus blanche qu'ivoire;
D'une autre en chambre close et voire
Sous la ramée je n'aurai gloire
Si ma bonne dame ne m'aime.
Làs, je mourrai, par Saint Grégoire,
Si ses doux baisers ne m'essaime.

Qu'y gagnerez si je m'enclostre
Et ne me retenez pour votre ?
Toute la joy du monde est nôtre :
Ainsi dame en ceux qui tant s'aiment.
Je mande à mon ami Daurostre
Qu'il chante sans heurt ce poème.

Pour elle je frissonne et tremble
Car d'un si profond amour l'aime ;
Nulle femme ne lui ressemble
Qui depuis Adam eut baptême.

X

En aissi cum son plus car
Que no solon mey cossir
E plus honrat mey desir
Dey plus plazens chansos far.
E s'ieu tan plazen chanso
Fas que n'ai plazen razo
Ben er ma chansos plazens
E guaya et avinens

Qu'el dig e'l fag e'l ris e'l bel semblan
Son avinens de vos, per cuy ieu chan.

  Per que m'dey ben esforsar
Ab lauzar et ab servir
De vostre ric pretz grazir
E'n dey Amors merciar
Car de mi vos a fag do
Que be m ren ric guizardo
Dels greus durs malstraytz cozens
E dels plazens pessamens
Qu'ieu ai de vos, cuy am e vuelh e blan
E fuy e siec e dezir e soan.

  Sens mi fai vos soanar
Que no m' en mostra jauzir
Azautz vos mi fay abelhir
Dompna em fai vos dezirar
E siec vos car m' es tan bo
Quan remir vostra faisso

Et us fug pel brug de las gens
Et us blan quar etz tan valens
E us vuelh e us col per sufrir derenan
E us am, quar vey qu'à mon cor plazetz tan.

  S'ieu volia ben lauzar
Votre lauzor, ses mentir,
E l'honrar e l'aculhir
E l'vostre avinen parlar
E las beutatz qu'en vos so
E'l bel sen e'l plazen no
E'l riez guays captenemens
Ben sabria'l meyns sabens
Quals etz per qu'ieu no us vuelh ges lauzar tan,
Cum mostra vers ni cum ai en talan.

  Neys no m'auzi cossirar
Que ja us prec ni vos aus dir
Si cum faitz jauzen morir
Ni no m' vuelh dezesperar

Qu'en la vostr'entencio
Suy ricz pueys ai sospeysso
Qu'Amors qu'els ricx autz cors vens,
Mi puesca aitan leumens
De vos donar so que ieu li deman
Fin gang entier qu'als no'lh vau demandan.

Belha dona ges no m par
Qu'om deya may obezir
Autra del mon ni servir
En dreg d'amor ni honrar
E a ben plazent razo
Selh qu'es en vostra preizo
Qu'el vostr' humils francs parvens
Fai dels cors mortz vius jauzens
E'l mal que m datz son ben e pro li dan
E l'ira joys e repaus li afan

Na salvatga, mout m'es gens
Vostre ricx captenemens

Qu'el dig e'l fag son gay e benestan,
E'l vostre cors d'aquelh mezeys semblan.

Bibliothèque Nationale Paris. Manuscrits. Fonds français
856 V° 231.
    Raynonard (1838) p. 321. Chanson attribuée au comte
de Poitiers ou Prébost de Valence.

X

De même que me sont plus chers
Rêves neufs qui peuvent surgir,
Et plus honorés mes désirs,
Je veux chant plus plaisant et clair.
Et si tant plaisante chanson
Fais, qu'en ai plaisante raison,
Bien sera ma chanson plaisante
Et belle et gaie et avenante,
Car le dit, le fait, ris et beau semblant
Sont avenants de vous, par qui je chante.

Pourquoi bien me dois efforcer,
Et par louer et par servir,
De votre noble prix grazir (1) ;
J'en dois Amour remercier,
Car de moi il vous a fait don,
Et puis me rend nobles façons
Des griefs et durs traitements,
Et aussi des pensers plaisants
Que j'ai de vous que j'aime et veux et blan (2)
Il fuit et suit désir, mépris dolent.

Raison m'y fait, vous dédaigner
Qui ne m'en montre pas plaisir;
Grâce me fait vous agréer,
Dame, et me fait vous désirer ;
Et je vous suis car tant m'est bon,
Et je vous fuis pour bruit des gens,
Et je vous loue, car valez tant,

(1) Accueillir. Rendre grâce.
(2) Louer, aussi courtiser, caresser.

Et vous veux pour souffrir dorénavant,
Car je vous aime, à mon cœur plaisez tant.

Mais si je voulais bien louer
Votre louange sans mentir,
Et l'honorer et l'accueillir,
Et de votre avenant parler,
Et les beautés qui en vous sont,
Le beau sein, le plaisant giron,
Et les joyeux agissements,
Devrais savoir le moins sachant
Quelle êtes-vous, car n'irais vous louant
Comme il est vrai, ni comme en ai talent.

Mais je n'ose m'imaginer
Que jà vous prie, n'ose vous dire
Qu'en jouissant faites mourir,
Ni ne me veux désespérer ;
Car là en votre intention
Je suis riche et puis ai soupçon

Qu'Amour, qui riche et haut cœur prend,
Me pourrait bien facilement
Donner de vous ce que je vais cherchant,
Accord et nœud, lui vous les demandant.

Belle dame, ne peut me sembler
Que jamais on doive obéir
Autre du monde ni servir
En droit d'amour, ni l'honorer ;
Il a bien plaisante raison
Celui qui dans votre prison,
Est votre humble, libre semblant
Fait des cœurs morts vifs jouissants ;
De vous maux sont biens, profits détriments,
Colère est joie et repos ahan.

Dame farouche, mout m'est gent
Votre noble emprisonnement
Dont le dit le fait sont gais bienfaisants
Et votre cœur de ce même semblant.

XI

*Ab la dolchor del temps novel
Foillo li bosc e li aucel
Chanton chascus en lor lati
Segon lo vers del novel chan;
Adonc esta ben c'om s'aisi
D'acho don hom a plus talan.*

*De lai don plus m'es bon e bel
Non vei mesager ni sagel
Per que nom cor non dorm ni ri,
Ni no m'aus traire adenan,
Tro qe eu sacha ben de fi
S'el es aissi com eu deman.*

La   vostr'amor va enaissi
Com la branca de l'albespi
Qu'esta sobre l'arbre en treman,
La nuoit ab la ploja ez al gel,
Tro l'endeman que'l sol s'espan
Par la fueilla verz e'l ramel.

Enquer me membra d'un mati
Que nos fezem de guerra fi
Et que'm donet un don tan gran
Sa dridari'e son anel
Enquer me lais Dieus viure tan
C'aja mas manz soz so mantel.

Qu'eu non ai soing de lor lati
Que'm parta de mon Bon Vezi
Qu'eu sai de paraulas com van
Ab un breu sermon que s'espel
Que tal se van d'amor gaban
Nos n'avem la pessa e'l coutel.

XI

Par la douceur du temps nouveau
Verdit le bois, chante l'oiseau,
Et chacun loue dedans ses dicts
Le clair printemps, d'un nouveau chant.
Il serait bon que chacun prît
Tels plaisirs dont l'homme est ardent.

De là, dont tout m'est bon et beau
Ne vient ni message ni sceau ;
Or mon cœur ne s'endort ni rit,
Et je n'ose aller de l'avant
Si ne suis certain que voici
De sûre paix venu le temps.

Comme l'aubépine la nuit
Est tremblante et souvent frémit

A la pluie et aux frimas blancs,
Tels sont nos amoureux joyaux...
Mais à l'aube au soleil levant,
Brillent feuilles et verts rameaux.

Je pense au matin éclairci
Où les combats étant finis,
Elle me fit ce don si grand,
Son amour avec son anneau :
« Que Dieu me laisse vivre tant
Que j'aie (1) mes mains sous son manteau. »

Ne veux entendre les lazzi
Qui pourraient me créer souci
D'avec mon bon voisin cherchant
A embrouiller notre écheveau.
D'autres vont leur amour vantant ;
Du nôtre avons pain et couteau (2).

(1) Sous entendu : un jour.
(2) Nous pouvons jouir du nôtre.

CHANSON DE CROISADE

XII. LO COMS DE PEITIEUS
POS DE CHANTAR M'ES PRES TALENZ

Pos de chantar m'es pres talenz.
Farai un vers don sui dolenz
Mais non serai obedienz
En Peiteau ni en Lemozi.

8

Qu'era m'en irai en eisil
En gran paor en grand peril
En guerra laisserai mon fil
E faran li mal siei vezin.

Lo depurtirs m'es aitan grieus
Del seignoratge de Peitieus
En garda lais Folcon d'Angieus
Tota la terra el som cozi.

Si Folcos d'Angieus no'l socor
E'l reis de cui'ieu tenc m'onor
Faran li mal tut li plusor
Felon Gascon et Angevi.

Si ben nos es savis ni pros
Cant ieu serai partiz de vos
Vias l'auran tornat en jos
Car lo veiran jov' e mesqui.

Per Merce prec mon compaignon
S'anc li fi tort qu'il mo perdon
Et il prec en Jezu del tron
En romans et en son lati.

De proeza de joi fui
Mais ara partem ambedui
Et eu trai m'en a scellui
On tut peccador troban fi.

Mout ai estat cuendes e gais
Mas nostre Seigner no'l vol mais
Ar non puesc plus soffrir lo fais
Tant soi aprochatz de la fi.

Tot ai guerpit cant amar sueill
Cavalaria et orgoill
E pos Dieu platz tot o acueill
E prec li que'm reteng' am si.

Toz mos amics prec a la mort
Quei vengam tut e m'onren fort
Qu'eu ai avut joi e deport
Loing e pres et e mon aizi.

Aissi guerpisc joi e deport
E vair e gris e sembeli.

XII

Or de chanter désir me prend,
Ferai un vers dont suis dolent :
Plus ne serai obedient (1)
En Poitou ni en Limousin.

(1) Servant d'amour.

Car vais m'en aller en exil :
En grande peur, en grand péril
En guerre dois laisser mon fils,
Et lui querront mal ses voisins.

Qu'il m'est pénible m'en aller
De la seigneurie de Poitiers !
J'y veux laisser Foulcon d'Angers
Garder la terre et son cousin.

Sans Foulcon d'Angers en tuteur,
Et le roi de qui tiens honneurs,
Lui feront mal tous et plusieurs,
Félons gascons et angevins.

Si bien il n'est sage ni preux,
Quand je serai éloigné d'eux,
Ils l'attaqueront courageux,
Car le croiront jeune et mesquin.

Merci crie à mon compagnon,
Si lui fis tort, à moi pardon;
J'en prie Jésus roi du ciel bon
Et en roman et en latin.

De prouesse et de joy aussi,
Me faut départir aujourd'hui;
Pour m'en aller près de celui
Où tout pêcheur trouve le bien.

Moult ai été jovial et gai
Mais notre seigneur ne veut mais;
Et je n'en puis souffrir le faix,
Tant je suis proche de la fin.

J'ai laissé aussi en grand deuil,
Chevalerie et fier orgueil;
Me donne Dieu place et accueil
Et qu'il me garde enmi les siens.

Que mes amis après ma mort
Reviennent tous m'honorer fort,
Car j'ai connu joy et deport (1)
En ma demeure et par chemins.

Et ci, je laisse joy deport
Vair et gris et précieux biens.

(1) Liesse

SOURCES

1. Bibliothèque Nationale à Paris, Manuscrits, Fonds français 854.

2. Bibliothèque Nationale à Paris, Manuscrits, Fonds français 856 (1).

3. Bibliothèque Nationale à Paris, Manuscrits, Fonds français 1749.
   (Recueil des poésies des troubadours suivi de leurs vies, reliure aux armes royales de France.)

4. Bibliothèque Nationale à Paris, Manuscrits, Fonds français 12.473.
   (Chansonnier provençal [Vatican 3204]. —

(1) La pièce commençant par *En aissi* dans la table; est attribuée à Prébost de Valence.

Ce manuscrit a appartenu à Bembo puis à Fulvio Orsini, XIII^u siècle, relié maroquin rouge aux armes du pape Clément XII.)

5. Bibliothèque Nationale à Paris, Manuscrits, Fonds français 22.543.

    (Chansonnier provençal [Ch^{ier} La Val-lière] XIVe siècle.)

6. Cheltenham, Bibliothèque Philipps, 8335, XVIe siècle.

7. Venise, Bibliothèue Marc, app. cod

8. Modène, N. 45.

9. Modène, Bibliothèque Estense, N. 8, 4.

10. Breviari d'amor de Matfré Ermengau.

BIBLIOGRAPHIE
(Vie de Guillaume VII et Chansons)

Chabaneau. *Biographies des troubadours*, 1885, note 38. (D. Vaissete, *Hist. du Languedoc*, nouv. éd. X.)

Bartsch. *Grundriss zur geschichte der provenzalischen Litteratur*, Elberfeld, 1872, n° 183, p. 15, 35.

« Geoffroy du Vigeois » Labbe. *Nova bibl.*, man. II, p. 297.

Orderic Vital. *Hist. Ececl. IV*, p. 118, p. 132, Paris 1885.

Migne *Patrol lat.*, CLXXIX, col. 1384. *Guillaume de Malmesburi.*

Raoul de Dicet. *Abbréviations chronicarum*, I, p. 240.

ART. VÉRIFIER LES DATES. M. 717 et 742, Paris, 1770.

REC. DES HIST. DE FRANCE. XIV, p. 169, Paris.

D. VAISSSETTE. *Hist. du Languedoc*, nouv. éd., X, p. 215, d'après Etienne de Bourbon (les marchands), p. 213. *Biographie du* XIII° *siècle;* et pp. 209 à 409. Toulouse 1874-1892.

HIST. LITT. DE LA FRANCE. XI, p. 37.

MARCHEGAY. *Chron. des églises d'Anjou,* p. 431. Paris 1869.

ROMANIA. VI, p 249, *Pio Rayna « Badia de Niort ».*

CART DE TALMONT, p. 226. Soc. Aut. Ouest 1872.

MIGNE. *Patrol lat.,* CLVII, col. 200, col. 202, 201, 48.

BESLY. *Histoire des Comtes de Poitou,* preuves, pp. 420, 421, 422 et 433. Paris 1647.

DIEZ. *Die Poesie der Troubadours,* Zwickau 1827, in-8°.

BIBLIOGRAPHIE (Chansons) ·

FAURIEL.. *Hist. de la poésie provençale,* Paris 1847.

RICHARD. *Histoire des Comtes du Poitou,* I, pp. 382 à 506, Paris 1903.

DIEZ. *Leben und werken der Troubadour,* 1829.

RAYNOUARD. *Choix de poésies originales des Troubadours.* Paris 1818 et suiv., 6 vol. in-8°.

RAYNOUARD. *Lexique* roman, 6 vol. in-8°, 1836-43.

K. BARTSCH. *Chrestomatie provençale,* 4ᵉ édit., Elberfeld 1880, in-8°.

F. DE ROISIN. *La poésie des Troubadours,* Paris et Lille, 1845, in-8° et *Essai sur les cours d'amour.* Paris-Lille, 1842. (Traduit de Diez.)

A. THOMAS. *Francesco da Barberino,* in-8°, 1883.

ALFRED JEANROY *Bibliographie sommaire des chan-*

sonniers provençaux (Collection des classiques français du moyen âge), 1916. (Liste de toutes les
éditions des œuvres des troubadours).

F. MAHN, *Werke der Troubadour*, 4 vol., Berlin
1846-1853. *Gedichte des Troubadour*, 4 vol., Berlin 1856-1873.

A. RESTORI. *Litteratura provenzale*, Milan, 1891.

JOSEPH ANGLADE. *Les troubadours*, 1908, et *Histoire sommaire de la littérature méridionale au
moyen âge*, 1921.

RESTORI. *Per la Storia musicale dei trovator*, p. 90.

JEAN BECK. *La musique des troubadours* (Laurens).

JEU DE SAINTE AGNES. *Il sonu del Comte de Pey-
tieu*. Ed. Arnaud, 1857.

HOLLAND et KELLER. Ed. *des chansons* Tubingue, 1850

A. JEANROY. *Les chansons de Guillaume IX*
Paris. (Champion 1913).

TABLE DES MATIÈRES

ACHEVÉ D'IMPRIMER
LE 25 JANVIER 1927
PAR L'IMPRIMERIE
CHANTENAY — PARIS